गर्भ से उठता विद्रोह

मानवता , प्रेम , धर्म , वासना , प्रकृति और बचपन

क्षितिज

BookLeaf Publishing
India | USA | UK

Made with ❤ on the BookLeaf Publishing Platform
www.bookleafpub.in
www.bookleafpub.com

Dedication

ये कविताएं समर्पित हैं -

जन्म से खोखले बना दिए गए बचपन को , जिसे बांध दिया गया है एक सीधी लकीर में ।

प्रेम और प्रतिज्ञा से झुलसती जवानी को , जिसे पोत दिया गया है धर्म , जाति और जिम्मेदारी से ।

Preface

यह किताब उन सबके लिए है जो अभी भी मासूम हैं—दर्द में, पुकार में, संघर्ष में , जिन्हें तलाश है सार्थकता की , जिन्हें जरूरत है नश्वरता की ।

जन्म लो, विद्रोह करो, जागो।

धरती सुन रही है।

Acknowledgements

मेरे स्वयं के अनुभव और कोई नहीं ।

1. मैं और मेरी सिगरेट

शाम का श्वेत मौन , खेलकर घर जाते बच्चे
इस मौन का अस्तित्व मिटाती उनकी हंसी
मैं , मेरी सिगरेट और थकन

नदी का किनारा , गाय चराते चरवाहे
पानी में तैरता पूर्णिमा का सफेद चांद
मैं , मेरी सिगरेट और कफन

पहाड़ों की बर्फ , दरारों से रिसता पानी
मेरे कांपते होंठ और शीतल हाथ
मैं , मेरी सिगरेट और सिरहन

मरू की तपती लू , बबूल की छांव
बबूल पर चढ़ती उतरती गिलहेरियां
मैं , मेरी सिगरेट और जलन

सुबह की बरसात , मिट्टी की खुशबू
इधर उधर शामियाना ढूंढते जानवर
मैं , मेरी सिगरेट और चुभन

दिसंबर की ठंड , एक गर्म रजाई
एक दूसरे से लिपटे हम तीन
मैं , मेरी सिगरेट और दहन

2. गांव

शहरों को जाने वाले लोग
भूल जाते हैं अक्सर
पगडंडियां गांव की
जो थी एकमात्र रास्ता
शहर का

स्कूल जहां काबिलियत कमाई
खेत जहां फसलें उगाई
मुर्दे जलाए तालाब के किनारे
तालाब जिसमे गोते लगाए
बाप के सहारे

साफ नीली नदियां गांव की
बरसात , ताश और
सहेलियां गांव की
आंखों में मरी हुई उम्मीद
पालती हवेलियां गांव की

जब दो वक्त की रोटी और
दोपहर की छांव

नहीं दे पाते शहर , बेचारे !
याद आती है गांव की

पगडंडियों का स्थान अब
ले लिया है गलियों ने , सकडी
अंधेरे में नहाई , चीखों से गूंजती
असहज और अपनेपन से दूर
वैश्याओं से भरपूर

गलियां जो सन्नाटे के अधीन हैं
अधीन है अपराध के , कुत्तों के शोर के
नशे में धुत रंगीले लोग और
मेहबूबा की डोली देख कर आए आशिकों के

हरियाली के नाम पर पार्क हैं , पार्क
जो जिल्लत हैं हरियाली के नाम पर
कड़ी धूप में एक लम्हे जितनी
बारिश के समान सुकून पाले हुए

जो चिड़चिड़ाहट ज्यादा और
मौज कम पैदा करते है
दोष असल में पार्क का नहीं
दोष है मीनारों का , तेज रफ्तार
कारों का

जिन्होंने घेर लिया है पार्क को भी
मानो प्रकृति के हर खूबसूरत कदम को

रोक देना चाहता है इंसान , इंसान
जो खुद तोहफा है प्रकृति का नदियों को
जुर्रासिक एज से बरबाद हुई सदियों को

फिर भी शहर अच्छे हैं यकीनन
मगर तेज़ हैं , सदियों से
चली आ रही मानव रफ्तार से
कहीं ज्यादा तेज

रफ्तार जो नश्वर है ,
शरीर की तरह
और गांव ? गांव अंतिम स्वांस है आत्मा की !

3. भेंट

जब हमारी तुम्हारी मुलाकात होगी
साए में सिरहन के रात होगी
नाचेंगे झिंगुर और गाएंगे कव्वे
पथरीली जहरीली बरसात होगी
छत्ते ततयों के जगमग जलेंगे
गिद्धों के बच्चे फिर से हसेंगे
शैतानों की मौत देरी से होगी
जालों में मकड़ी के कीड़े फंसेंगे
फिर से निगाहें लहरों पे होगी
तूफान को कोई कुछ ना कहेगा
मौजे भी होंगी सरकारी सारी
उपलब्ध होंगी कुछ ना मिलेगा
चिड़िया के बच्चों पे इल्जाम होंगे
बाजों के हाथों में हथियार होंगे
उजले से बगुले लहू में नहा कर
मरघट की चौखट पे तैयार होंगे
चूहों की राहें ना आसान होंगी
सांपों के बिल पर ठहराव होगा
जंग के सिपाही ना घर आ सकेंगे
अखबार दिन का अलगाव होगा

मगरमच्छ खेलेंगे झरनों में सारे
झींगो का कोई न तालाब होगा
तुम्हारे लिए गर्म रोटी सिकेगी
हमारी हथेली में तेजाब होगा !
जुगनू जलेंगे , नाचेंगे गीदड़
सेहरा की बालू से मांगेगे कीचड़
तुमको बहारो का उपहार होगा
हमको मिलेगा उजड़ा सा बीहड़
सूली पे ईश्वर की आवाज होगी
आएगी तूफानी जब रात काली
सूरज की सुबह भी काली ही होगी
काली ही होगी हर होली दिवाली

4. कुआं

चलोगी मेरे साथ ?
पृथ्वी के सबसे उजाड़ और रहस्यमय विचरण पर !

भूतों की भी परछाई से आगे , मरियाना की गहराई से नीचे
अंधेरे के बालों से काला , कुआं बना है जो इस घर के पीछे
सांपों से जंग में जीता हुआ है , बूढ़ा मेंढक जो इसमें रहता
नीला काला और सुनहरा , पानी जहर सा है जिसमे बहता

टूटी सड़क के बाजू से होकर , पेड़ों की झुकती डालों से लड़ता
सीलन से उतरी पपड़ी समेटे , खुद ही में है जो अंदर से सड़ता
खाई है कितनी बच्चों की गेंदे , सारी उमर है गुनाहों में गुजरी
लड़कियां कितनी कूदी है इसमें , चारों तरफ है सिंदूरी बिखरी

कितने भी चाहे गुनाह सर पे बांधे , पर है अकेला पर है निराला
पर है भी तुम्हारे चेहरे से सुंदर , और है तुम्हारे काजल से काला
काला जो है तो काला है दिखता , सरकारों से बिलकुल अलग है
खुद की बीमारी न फैलाई इसने , हम बीमारों से बिल्कुल अलग है

दिन भर है सोता सन्नाटे में , हैं साथी इसकी चिल्लाती रातें
बहती हवा से कहता है आओ , काली घटाओं से करते हैं बातें

काई के जत्थे से उलझा हुआ है , दो चार सांसों को भी है तरसता
गाता है टप टप पीता है गप गप , सावन में बादल जब है बरसता !

5. विरह

जब अदा करोगी गैर की , चौखट पे इश्क की रस्म
जब मिलेंगे साथी भी तुम्हे , राहे मुक्कमल में सनम
जब तितलियों के शोर में , खो जाएगा तुम्हारा मन
याद रखना याद आऊंगा , मैं अधूरा सा बनके स्वपन

जब आंसुओं के बोझ में , दब जाएगा तुम्हारा मन
जब सिसकियों के हाथ , बिक जाएगी हर एक चुभन
जब बिन कहे ना पढ़ पाएगा , कोई भी तुम्हारा मन
याद रखना याद आऊंगा , मैं रोज़ तुमको आदतन

जब नहीं मिलेगी उठते ही , बिस्तर पर चाय भी गरम
जब टूट जाएंगे हसीन , तुम्हारे सारे के सारे भरम
जब पहन लोगी शादी का , जोड़ा समझ कर के कफ़न
याद रखना याद आऊंगा , जंगल में जैसे आश्रम

जब तरस जाओ सुनाने को , अपनी पायल की छनन
जब पति तुम्हारा समझ ना पाए , तुम्हारी बिंदी की तपन
जब श्रृंगार करके बैठो रोज , शाम को तुम प्रियतम
याद रखना याद आऊंगा , मैं गेट पर रखता कदम

जब कभी मन उदास हो , और रोने का करेगा मन
जब बुरा लग जाए तुमको , किसी शख्स का कथन
जब सहम जाओ अंधेरे में , तुम देखकर यूरेनियम
याद रखना याद आऊंगा , मैं सूर्य की बनकर किरण

जब जूतों के फीते लगाने , से मना कर दे बलम
जब गिड़गिड़ाओ सुनने को , क्या लग रही हो जानेमन
जब कोई ना पूछे कैसे लगी , है चोट ये गर्मागर्म
याद रखना याद आऊंगा , मैं हाथ में लिए मलहम

जब बच्चों से लेकर विदा , करोगी सुरलोक गमन
जब मौत देह से आत्मा का , कर चुकी होगी हरण
तब मिलूंगा मैं तुम्हे , सिंदूर लिए एक चुटकी भर
याद रखना कि बसाएंगे हम , वहां स्वर्ग में छोटा सा घर !

6. दुश्मन

तू और शराब एक जैसे हो मेरे लिए , दोनों ने
जेहन की गहराइयों तक तबाह किया है मुझे
वहम की परछाइयों तक फना किया है मुझे
जैसे गंगा को मैला करते हैं ये घाट काशी के
तुम्ही दोनों उग्रवादी कोई बेखौफ कराची के
अकेला कर दिया मुझको जैसे घर कोई लाचार
जिसमें खून फेंकती छत और गला काटते तार
मीठे किए जख्म मेरे और कड़वा मिजाज
ना किया जमाने का , ना उमर का लिहाज
तुम्हारे हाथ में मेंहदी मेरे हाथ में तेजाब
मेरी आंख में है खून तेरी ज़ुल्फ़ में गुलाब
तुम दोनों दोस्त थे क्या ? या थे खून के रिश्ते ?
चिता की आग थे या थे फ़ख्त चोर कोई सस्ते ?
जैसे चुरा लेता है बाल एक फुर्सत में हज्जाम
जैसे पिग्मियों को करते थे अमेरिका में गुलाम
जैसे नीम के साए में रख दिए गए हों आम
दुजायल में हो कत्ल और बगदाद में सद्दाम
मगर मैं लूंगा हिसाब एक दिन
मेरे मस्तिष्क की हर खराब हुई नस का
मेरी जवानी के सारे बर्बाद हुए रस का

तोहफे में मिली हर एक जिल्लत का
हर सुबह में रोशनी की किल्लत का
जैसे सांप लेते हैं सपेरों से
या समंदर लेता हैं लुटेरों से
ज्वालामुखी से पानी लेता है
और कैंसर लेता है मैरो से
मैं लूंगा बदला एक दिन तुम दोनों से
मैने जला ली है सिगरेट मेरी
महखाने में और तेरे घर के कोने में
बस चंद घड़ियों का फांसला है
सिगरेट के बुझने में और तुम्हारे रोने में !

7. दंगे

धरती की सबसे खूबसूरत प्रदर्शनी है दंगे!
काठ की लकड़ियां हो या आधुनिक ak 47
सब का समन्वय है इनमे !

युद्ध कौशल , वाणी कौशल
पशु कौशल , प्राणी कौशल
कौशल दंगाइयों से अधिक
दिखता है मदमस्त नेताओं का
कतार में आग से नहाकर
श्रृंगार करती चिताओं का !

पेट्रोल की सुगंध में डूबा वातावरण
गलियों में कंचे खेलते जीवन मरण
आहा! कितना मजा आता है देखने में
सांस को तरसते लोग हर एक क्षण !

नाना प्रकार के धर्म होंगे , नाना प्रकार की जातियां
कई तरह के शस्त्र होंगे , 206 तरह की अस्थियां
रंग बिरंगे झंडे होंगे , मौत को जाती टोलियां
जगमगाता मरघट होगा , मांस उधेड़ती गोलियां

आइए आप भी निकलिए शांत घरों से
और देखिए मनोहरी दंगे, खून से लथपथ
सिनेमा से बेहतर होंगे और हास्य से गदगद !

8. धर्म

धर्म इंसानियत की कब्र है
जनाजा है भविष्य के गर्भ का
अंग ढकने के लिए खाल ढूंढते
बच्चो की चीख का

किताबों के पन्नो में छुपे ज्ञान को
बाहर न आने देने का उपाय है ये
और उपाय है धार्मिक संस्थानों को
विद्यालयों से श्रेष्ठ रखने का

साधन है ये मांओं से बच्चे और
विधवाओं से भूतकाल छीन लेने का
पांखण्ड और अपराध को खुद की
आड़ में वैध करने का तरीका है ये

धर्म औजार है , नस्लें खत्म करने का
एक सोच को बंजर कर देने का
मिटा देता है ये अस्तित्व मानवता का
जल का , आग का , व्यवहार का , सबका

धर्म एक हथियार है राजनीतिज्ञों का
प्रजा को मूक और मूर्ख दर्शक बनाए
रखने का अति सुंदर नमूना है ये
और नमूना है लोकतंत्र की लाश का

असल में यह एक सुनियोजित सुव्यवस्थित
आक्रमण है प्रकृति के अस्तित्व पर
और अस्तित्व पर हर उस मानव के
जो भूल चुके हैं अर्थ अपने जन्म का

धर्म बदल देता है पूरी सच्चाई प्रकृति
की परियोजना की , उसके विकास की
बदल देता है जाइगोट के पूरे सत्य को
शुक्राणुओं के मिल जाने की क्रिया को

धर्म अंधे युग की मजबूत निशानी है
और जीता जागता उपहास है विज्ञान का !

9. खून

नसों से बहता खून हो या मुंह से गिरता थूक
कितने प्यार से बहता है नालियों में एक साथ
सुर्ख लाल , गाढ़ा , पतला , काला
हर तरह का खून

धार्मिक कट्टरता का खून
जातीय द्वेष का खून , ख़ून
स्कूल से लौटते बच्चों का !
काम से लौटते पिताओं का
बाजार से लौटती मांओं का !

खून खुद बताता है खून को
खून खूब जानता है खून को
बोन मैरो से पाए वजूद को
भूलता नहीं है वह

खून पूछता है खून से
हाथ में खून लिए , कि
शायद मैरो का ही कोई धर्म हो !
जिसकी वजह से बेघर होना पड़ा है खून को !

10. चर्म भाव

क्या है चर्म भाव ?

नदी ? उसमें क्रीड़ा करती मछलियां
या फिर मछलियों को खाते मगरमच्छ !
मगरमच्छ या कारखाने ?

बारिश ? बारिश में नहाते पेड़
या फिर पेड़ों पर गिरती बिजलियां !
बिजलियां या कुल्हाड़ी ?

ठंड में आग ? आग सेकते निर्वस्त्र लोग
या फिर आग में जलती झोपड़ियां !
झोपड़ियां या जंगल ?

शहर ? रात में चमचमाते शहर
धुएं और धूल से ढके शहर !
धुआं या भीड़ ?

लहरें ? लहरों को चीरता जहाज
या बर्फीले महासागर में डूबता जहाज !

जहाज या डूबते लोग ?

संभोग ? या उसके पश्चात सिगरेट
या फिर सिगरेट और दो घूंट रम !
रम या ठंडी बीयर ?

11. रात

मुझमें बसी है एक रात
कालिख से सनी लंबी रात
असफलता का कम्बल ओढ़े
रात जो कट नहीं पा रही है
रात जो उलट नहीं पा रही है

इस रात के पीछे पंक्ति है
अनगिनत रातों की
मानो फिशन हो न्यूक्लियर कोई
मानो अमर हो ग्लेशियर कोई
हो कोई लगन मिटा जाने की
या फिर बददुआ लगाने की

रातें जो सिर्फ काटी जा सकती हैं
जिन्हें जीया नहीं जा सकता
जिन्हें सुना जा सकता है , देखा नहीं
जिनमें रोया जा सकता है , हंसा नहीं

हर एक रात एक अजगर है
जो निगल गई है मेरे सवेरे सारे

जो सुखा गई हैं किनारे सारे
रातें जो हकीकत हैं कोई खयाल नहीं
रातें जिन्हें जिंदगी का कोई मलाल नहीं
जो पी गई हैं मेरे हुनर सारे
गांव सारे शहर सारे
सारे रस्ते सफर सारे ।

12. माँ

रिश्ता चूल्हे में जलती आग का
सुबह कोहरे में , देख पाती है मां
पेट की आग से

पर ढूंढ पाती नहीं जवाब
उस सवाल का , जो छीपा है
मासूम चेहरों के पीछे

बच्चे नहीं रखते रुचि जवाब में
उन्हें डर है भूख का
जो मिटेगी नहीं जवाब से

वो समझते हैं दर्द मां का
चाहते हैं करना मदद
करते नहीं हैं पर

कहीं उन्हें अगर चुभा कांटा
तो पीड होगी मां को
वो समझते हैं दर्द मां का

देख पाती है वो
बतख जैसी आंखो में
डर उसी सवाल का

क्या फिर से जलेगी
आग
चूल्हे में रात को !

13. बदला

शहर के आखिरी कोने से आती वो आवाज
जो गहरी होगी इतनी की जला देगी तुमको
जो सहला देगी तुम्हारे अतीत की पीड़ा को
जो खत्म कर देगी आलिंगन की क्रीड़ा को
एक खौफ है उसमें और खौफ मानो ऐसा जैसे
कोई चटक विषधर तुम्हे निहार रहा हो
एक प्रेत खुद को आईने में संवार रहा हो
कर रहा हो बढ़ई गर्दन अलग जिस्म से
जला तुम्हारी खाल कोई कुम्हार रहा हो

जहर लगाकर चूमूं मैं होंठ तुम्हारे जल जाएं
कफ़न सिला कर बैठूं मैं स्वपन तुम्हारे मर जाएं
कड़वाहट इतनी घोल दूं तुम्हारी हर मिठास में
फांस सी चुभे पवन ली हुई हर सांस में
वो आवाज जब सुनोगी तुम
जो रात दिन सुनोगी तुम
तब तब मैं याद आऊंगा
बनके पिशाच रात में
तुम्हारा गेट खटखटाऊंगा !

14. भगवान

वे लोग जो मर जाते हैं भूख से
या जो शिकार होते हैं शराब के
क्या नही करते भगवान की पूजा

सड़क दुर्घटना के पश्चात बच्चो का
कभी नहीं मिल पाना अपने पिता से
क्या प्रचंड सबूत नहीं है अद्वैत का

अगर है तो वही बच्चे क्यू मनाते श्राद्ध हैं
मां में क्यूं नहीं ढूंढ पाते भगवान दूसरा
क्या उन्हे डर है मां को भी खो देने का

पोंछ लेते हैं आंसू विधान समझकर विधि का
और फिर से उपाय की तैयारी में लग जाते हैं
कैसे करें खुश भगवान को , दूध से , खून से ?

नादान है बेचारे , समझ नहीं पाते की वही भगवान
तैयारी में लगा है कैसे छिना जाए मां को !!

15. प्रकृति

रात का अंधेरा , आसमान में गहरे काले बादल
और बादलों को लांघ कर जाते हवाई जहाज
खंजर है आधुनिकता का प्रकृति की पीठ पर

इसी रात की कोख में बैठा मैं , लिए किताब एक
किताब , जो पढ़ी नहीं गई है सदियों से

जलाई गई , काटी गई , मिटाई गई , दफनाई गई
मगर किताब है या अंगद का पैर
उठ खड़ी हुई हर बार , लड़खड़ाते हुए
रजनी के कोप को पीकर सूर्य को आदेश देते हुए

आदेश कि फिर से गठन हो नए समाज का
नवनिर्माण हो फिर से गिरे हुए मकान का
बच्चों के हाथ से छीन लिए जाए हथियार
चीन और रूस से किराए पर मिले हथियार

अमेरिका में बीच पर घूमते बच्चे क्या अलग है
सीरिया में रेडिएशन की मार झेलते नन्हे हाथों से
या अलग है सूडान में गिद्धों से लड़ते बच्चे

उनसे , जो दाखिल हैं बीजिंग के स्कूलों में

एक हौड है आत्मा को बेचने देने की
किराए से , उस मूल्य पर जो बना है
भविष्य को ताक पर रखकर बम बनाने से
आधुनिक बंदूकें अफगानिस्तान पहुंचाने से

लेकिन बम और बंदूकों की एक उम्र है
वे बनी भी तो ज्ञान के उपकार से ही हैं
ज्ञान जो छीपा है फटी किताबों में , और
किताबें जो दफना दी गई है बंदूकों के जोर पर

जब नक्षत्र टूटता है कोई नभ से , और
खींचा चला आता है गुरूत्वाकर्षण के स्नेह में
वह मौन होता है ? या चीख दब जाती है उसकी
वायुमंडल के साथ उसके संघर्ष में

यकीनन वह चीख ! आखिरी दलील होती होगी
प्रकृति की अपने पक्ष में !

16. मैं

मैं पानी में आग लगा दूं
जगती को शमशान बना दूं
नीम से कडवा विष पी कर मै
अमृत सा उन्माद बना दूं

मै मेघों को छू कर आऊँ
छुते ही बिजली सी गिराऊँ
कण कण कच्ची मिट्टी महके
इत्र वसुंधरा में फैला दूं
मै पानी में आग लगा दूं

होली मे प्रहलाद सा बैठूं
मृत्यु पे यमराज सा ऐंठूं
जीवन को कर क्षीण क्षीण मै
लाशों का अंबार लगा दूं
मै पानी में आग लगा दूं

अस्त वयस्त कर डालूं काया
तोड दूँ बंधन छोड दूं माया
लगे धधकने रोम रोम सब

पत्थर सा सीना पिघला दूं
मै पानी में आग लगा दूं

वेग बदल दूं मैं लहरों का
चक्र बदल दूं सब पहरों का
मेरी शक्ति तुम क्या जानो
सूर्य चन्द्रमा साथ मे ला दूं
मै पानी में आग लगा दूं

मै पत्थर को कर दूं पारस
नीम को कर दूं मीठा सा रस
जलधि जब थक कर मर जाए
तब बुंदो से बाढ मै ला दूं
मै पानी में आग लगा दूँ

बादल गरजे घनन घनन जब
चलें हवाएं सनन सनन जब
मै डमरू की डम डम डम पर
शंकर सा तांडव करवा दूं
मै पानी में आग लगा दूं

17. जंग

तिमिर को मैं चीरता , रखता मन में धीरता
धूप में न छांव में , छाल थे जब पांव में
चला हूं मैं, चला हूं मैं , चला हूं मैं !

विश्वास को तलाशता , हुनर को तराशता
वीरान में पुकारता , भुजंग सा फुंकारता
चला हूं मैं ..

निष्पक्ष राह पर सही , घने अंधेरे में कहीं
व्यंग्य को नकारता , भंवर में तीर मारता
चला हूं मैं ..

ईश्वर को नमन नहीं , इंसान का दमन नहीं
हर बार राख फेंकता , तारों से आँख सेकला
चला हूं मैं ..

निरंकुश मेरी तलब नहीं , अधूरा मेरा सफर नहीं
हर ईद तीज फाग में , होलिका की आग में
चला हूं मैं ..

मैं क्रोध बेशुमार हूँ , मैं हास्य में विकार हूं
स्वर्ग में भी बिन मरे , शमशान में भी बिन डरे
चला हूं मैं ..

समाज की मैं पीड हूँ , मैं आंधियों में नीड हूं
रावण सा तेज तप लिए , अमित सा बाल हठ लिए
चला हूं मैं ..

मैं जीत से भी त्रस्त हूं , बस दंड में ही मस्त हूँ
हुआ रक्त में लतपथ सा यूं , करके बस एक शपथ सा यूं
चला हूं मैं ..

भयभीत मेरा चित्त नहीं , है जीत मेरा हित नहीं
काल में भी झांकता , जहर के बीज फांकता
चला हूं मैं..

मैं निशाचरों के विपक्ष हूँ , भगवान का न पक्ष लूं
है धूप ये मंजूर पर , ना छांव एक वृक्ष लूं
ना चाहता महानता बस ढूंढने समानता
चला हूं मैं ..

जीवन का मैं सुकून हूं , हूं मौत सी विडंबना
जीत के उपलक्ष में , करूं हार की भी वंदना
हारा हूँ बार बार हां , करता हुआ स्वीकार हां
चला हूं मैं चला हूं मैं चला हूं मैं !

18. द्वंद्व

ढलते सूरज और बगल से झांकते चांद के बीच
वो घड़ी थी प्रचंड धूप के विवाह की ठंडी रात से
आसमान में निहारती घर लौटते परिंदो को
वो खड़ी थी छत की मुंडेर पर , नाराज़ किसी बात से

शायद मां ने कुछ कहा होगा , या बहन ने छेड़ा हो
जो भी हो लेकिन ये उदासी उस पर जमती नहीं
या फिर उसे शाम के वक्त उदास रहना पसंद है ?
हां शायद कभी कभी उदास होना भी अच्छा है

पर उसे तलाश किसी और चीज की थी शायद
शायद आंखों में जादू की , बाजुओं में काबू की
या बस इतनी की कोई खत्म करदे उदासी उसकी
जैसे जादूगर कबूतर गायब करते हैं , छड़ी से जादू की

अंधेरा अपने चरम पर आ चुका था अब
दो चांद रात से अपने अस्तित्व की लड़ाई लड़ रहे थे
यह लड़ाई निश्चित ही जीत लेगी वो उदासी से
विपरीत परिस्थितियों में चमकना मूल भाव है उसका

मेरा चाय का प्याला ठंडी हवा के हवाले हो चुका था
आखिरी सिगरेट बुझा कर मैं चला गया वहां से
छोड़ कर उसे उसकी उदासी के भविष्य में
निश्चित ही वह जीत लेगी यह द्वंद्व श्रेष्ठता का !

19. अधूरा दिन , अधूरा एहसास , अधूरा प्यार

उस शहर में एक ही सुकून था
उस से मिलने के जुनून का
जुनून ऐसा कि होश नहीं हालत का
सुकून ऐसा कि जोश नहीं दौलत का
मोहलत का नहीं एहसास, एहसास
जो पास नहीं ऐसी सोहबत का
जहर की घूंट का , फटे हुए बूट का
उसकी कत्थई आंखों का
उसके घर के रूट का
उस ट्रैफिक के शोर में भी
तस्सली से आती उसकी खुशबू का
बस्ते टांगे पिट्ठुओं के बीच से
निहारते बतख जैसे चक्षुओं का
नहीं रहा एहसास किसी भी चीज का
लड़ाई का मजाक का बेगारी या तमीज का
मेट्रो के शोर में भी एक शांति थी उसके साथ
शांति ऐसी के मन व्याकुल हो उठे देखकर दिल्ली में झील
वो झील जो मॉल के नीचे थी
वो भीड़ जो उसके पीछे थी

जो बस एक जत्थे जैसी लगती थी
महकते हुए कत्थे जैसी लगती थी
उसके पास से गुजरती हुई हवा ने
भीड़ को भी महका दिया था , जैसे जब
स्कूटी के पीछे पहली बार हवा अच्छी लगी थी मुझे
हवा जो छूकर आ रही थी बाल उसके
हवा जिसने सुर्ख कर दिए थे गाल उसके
मन किया कि पकड़ के बैठ जाऊं कमर उसकी
मन किया कि चूम लूं सुराही सी गर्दन उसकी
लेकिन एक डर था सामाजिक व्यवस्था का
उसके पीछे मुड़कर मुझे घूरने के डर का डर
पर ये आज सोचता हूं मैं
वो सड़क खत्म क्यों हुई उस दिन
क्यों नहीं पंचर हुआ टायर उस दिन
क्यों नहीं जोर से बारिश आई
क्यों नहीं वहीं रुकने की सिफारिश आई
सिफारिश आई तो एक कविता लिखने की

जो लिख नहीं पाया मैं, वो एहसास
जो परख नहीं पाया मैं
अब आज लिख रहा हूं जब
कुछ बचा नहीं फिज़ा में तब !

20. सीख

ठीक है प्यार होता है
ठीक है बेशुमार होता है
मुझे भी है तुमसे
सरहदों को चीर देने वाला
जमीं को सींच देने वाला
तकियों की ओट में छिपी
चादरों को खींच देने वाला
किसी ना किसी से
हर किसी को होता है
कौन चैन से सोता है
हंसता है किनारा लहर देखके
और फिर उसको खो के रोता है
प्रेम एक तरफा ही मुकम्मल है
दो तरफा प्रेम सौदा है
जज्बातों का , सारे नातों का
तेरे हाथों का , सारे वादों का
एक तरफा प्रेम में
किसी की कोई अड़चन नहीं
तुझ से हां करवाने की
कोई वहशत ही नहीं

फिर भी एक तरफा प्रेम में
दिन नहीं कटते मानता हूं मैं
जख्म नहीं टलते मानता हूं मैं
सुनामियों की राहों में
शजर नहीं बचते मानता हूं मैं
पर अब ये सब अपवाद लगता है
हवस की भूख में पलता
इश्क़ भी खाक लगता है
बस राख लगता है
महबूब मुझे अब
मौत का फाग लगता है
बहुत खूब मुझे अब
शायद !
अब जवानी को समझ लिया है मैं ने
अब मोहब्बत को परख लिया है मैं ने
यादों को फंदे से लटका आया हूँ
अब भगत सिंह को पढ़ लिया है मैं ने !

21. अनगिनत

मैं घाट मणिकर्णिका का
जली चिताएं शाम अनगिनत
मैं अंश बुझती अग्नि का
राख कर दिए श्राप अनगिनत
दाग अनगिनत , फाग अनगिनत
गालिब जॉन फ़राज़ अनगिनत
प्यासों में हो प्यास अनगिनत
कछुओं का ठहराव अनगिनत
दरिया को धोखा दे देकर
माछे लाती नाव अनगिनत
सड़ जाते हों आम अनगिनत
घर के इतने काम अनगिनत
गैस चैंबर से बाहर निकलती
लाशों के अंजाम अनगिनत
उस लड़की के बाल अनगिनत
और मेरे ख्याल अनगिनत
आंख नशीली होंठ गुलाबी
खून है उसका लाल अनगिनत
जी जाता हूं शाम अनगिनत
पी जाता हूं जाम अनगिनत

हर रोज तुम्हारे ना कहने से
मौतें आती लाख अनगिनत !

22. मृत

मैं भी जाकर देखूं मंदिर
मैं भी जाकर देखूं नासा
जा आऊं पीरो के दर पर
खेलूं दिन भर बैठ के पासा
एक मिले तो मन्नत मेरी
छह पर फिर पासा दोहराऊं
गाऊं, लिखूं या मर जाऊं
पौड़ी पौड़ी मैं तर जाऊं
पर पाऊं ना जब तक तुझको
कैसे चुप होकर रह जाऊं
चीलों के बच्चों को बोलूं
तेरी छत पर होकर आएं
कुत्तों के पैरों को चूमूं
जो तेरे दर पर सो जाएं
गिलास चुरालूं सारे तेरे
जिनसे होंठ तेरे लग जाएं
सब कांटों को बंजर कर दूं
जिनसे चोट तुझे लग जाए
चाटूं पत्थर , हाथ पे रख कर
जिन पर तू जिस दिन चल जाए

आग को गंगा गंगा कर दूं
उंगली जो तेरी जल जाए
उस दर्जी की सूइयां खा लूं
जो तेरी साड़ी सिल जाए
उस पल खून बहा दूं खुद का
जब देख तुझे आंसू ना आए
सांसें चार बटा हो जाएं
मांस नोच नोच कर खाएं
गिद्धों को कर आना सूचित
जिस दिन तू मंडप में जाए !

23. अंतहीन सफर

ये सफर जी हुजूरी का
एक शख्स से बढ़ती दूरी का
दूरी दुनिया की हर जमात से
उसकी आंखों से , यानी
सारी कायनात से
कटता नहीं है , काटता है बस
यादों के आसमान को
ख्वाबों की मेरी दुकान को
ज़ख्मों से भरे पैरों को
मस्जिद से एक इमाम को
एक जंजीर नहीं काट पाता बस
जो बंधी है मेरी दुआओं पे
दुआएं जैसे बदल सी जाती हैं
सारी की सारी बद्दुआओं में
बैकुंठ में बैठी किसी भी कल्पना के पास
कभी पहुंच ही नहीं पाई
ना मैं पहुंच पाया कहीं
बनारस के घाट से जैसे
थोड़ी राख खा आया कहीं
बस एक चीज खुद पहुंची मुझ तक

मेरी खुद की परछाई
परछाई जो ढूंढ रही थी खुद मुझको
जैसे हिरन ढूंढता है तृष्णा को
जैसे मीरा ने ढूंढा कृष्णा को
जैसे क्षत्रियों को परशुराम ने ढूंढा
और प्यार ढूंढता है घृणा को
बस यही एक तसल्ली है
उसे घृणा नहीं है मुझसे
हालांकि मोहब्बत भी नहीं
दूरी इतनी नहीं कि मर ही जाऊं
और वैसे तो कोई सोहबत भी नहीं
अब एक तरीका है जिंदा रहने का
हंसके बोल दूं खुद को अंधेरे में
यही जिंदगी है
और ऐसे ही काटनी है
शायद कट भी जाएगी
लेकिन फिर सुबह भी आएगी !

24. हासिल

मैं हासिल
और ना हासिल कर पाने के क्रम में
मिटा चुका हूं खुद को इस तरह
जैसे लहरें अपने ही अस्तित्व को
खुद से खुद मिटा देती हैं
नदिया जैसे खुद डूब जाती हैं समंदर में
पेड़ हवाले कर देते हैं खुद को बवंडर के
निशान कोई नहीं छोड़ पाती हवा अपना
झरना ना चाहकर भी गिरता है पत्थर पे
ऊपर से नीचे से , बाहर से अंदर से
जैसे पानी घरों के नलकों से ,
जैसे धूल इमारत जर्जर से
ऐसे निकलती है एक आह रोज
जैसे जिस्म ख़ून थूकता है अल्सर से
मैं जला हूं उम्र भर इतना
जैसे यूक्रेन में पुतिन के पुतले जलते हैं
जैसे सरसों के तेल में मच्छी को तलते हैं
जैसे मोहनजोदाडो की रूह को
निकाला गया हो कुरेच कुरेच के
जैसे शुतुरमुर्ग उड़ते पंछियों को देखकर

हाथ मलते हैं
मलते हैं हंसकर जैसे एक जात के लोग
दुनिया का कीचड़ अपने शरीर पे
ऐसे ही ढक लेता हूं आंधियों में
अपने तन को उसके चीर से
फकीर नहीं रखते हुस्न से राब्ता
धुआं नहीं रखता आग से वास्ता
मुझसे भी नहीं रखता उसका घर
या उसके घर का रास्ता
इन सब के बीच भी
मैं खुश हो जाता हूं कभी
उसको हंसता देख कर
खुशी मिलती है वो , मुझे उसके हंसने से
जो रेशम के कीड़े को मिलती है
खुद के ही जाल में फंसने से !

25. खुशनसीब

बूचड़खानों में जो बकरे हलाल होते हैं
किसी दस्तरखान की अर्जी से
जुगुलर पर छुरी चलती है
बिना उनकी मर्जी के
और चलती है तब तक
जब तक सांस चलती है
जरूर मौत से बात करते होंगे वो
आखिरी चार सांसों में
ढूंढते होंगे खुद को वो
बाकी बकरों की लाशों में
कैसा लगता होगा उन्हें
छुरी का टू एंड फ्रो गिनते हुए
खुद के खून की बूंदें , देखकर...
खुद की घास पर गिरते हुए
वो घास जो अब दूसरे बकरे खाएंगे
घास के लालच में बेमौत मारे जाएंगे
बचेगा कोई नहीं , यही तो सत्य है
यही हुआ है यही होगा
यही कर्तव्य है , क्योंकि ...
बकरे बोल नहीं सकते , पर ...

आशिक बोल सकते हैं
अपना दिल खोल सकते हैं
बकरे खुशनसीब हैं इस लिहाज से
क्योंकि आशिक बोलने के बावजूद
काट दिए जाते हैं !

26. स्किजो फ्रेनिया

बिना आग का चूल्हा और बिना लपटों की आग
देखकर खुश हो जाता हु मैं
जैसे मेरी ज़िंदगी का फलसफा सुना रहे हो दोनों
कि जली नहीं आग कभी इश्क़ की जिसमें
और उठी नहीं लपटे इस में हंसी की तेरी
हंसी ऐसी कि जो मिटादे सुनामी की लहरें
प्यास बुझादे सावन में जैसे बादल गहरे
वक्त और हालात कितने बदल चुके हैं
हम ना जाने किस राह पर निकल चुके हैं
राह जो तुझ तक जाते जाते मुड गई है कहीं
बारूद से सराबोर , मौत से जुड़ गई है कहीं
इस राह पर एक सुख है , सुख एक उम्मीद का
कि तू निकल आए अचानक किसी मोड़ से
पकड़ ले हाथ मेरा और डांट के झिंझोड़ के
कहे मुझसे कि कब से चल रहे हो अकेले
चलो मैं चलती हूं साथ , छोड़कर आती हूं
तुम्हे उस मंजिल तक जहां जाना है
उस इनाम तक जो तुम्हे पाना है
और मैं कहूं कि अब मंजिल नहीं बस सुकून है
बीहड़ में कीकर के पेड़ों का पड़ा हुआ खून है

पागल मंजिल तो वो मोड़ था
जहां से तुम निकली थी अचानक
पर तुम्हारा निकलना भी तो उम्मीद थी बस
जो मेरा ख्याल बस था ,
ऐसा मोड़ कभी आया ही नहीं
मैने तुझे कभी पाया ही नहीं !

www.ingramcontent.com/pod-product-compliance
Lightning Source LLC
Chambersburg PA
CBHW070647240926
51846CB00003BA/819
* 9 7 8 9 3 7 5 2 7 5 8 6 2 *